BEI GRIN MACHT SICH IHR WISSEN BEZAHLT

AF131164

- Wir veröffentlichen Ihre Hausarbeit,
  Bachelor- und Masterarbeit

- Ihr eigenes eBook und Buch -
  weltweit in allen wichtigen Shops

- Verdienen Sie an jedem Verkauf

Jetzt bei www.GRIN.com hochladen und kostenlos publizieren

Bibliografische Information der Deutschen Nationalbibliothek:

Die Deutsche Bibliothek verzeichnet diese Publikation in der Deutschen National-
bibliografie; detaillierte bibliografische Daten sind im Internet über http://dnb.d-
nb.de/ abrufbar.

Impressum:

Copyright © 2010 GRIN Verlag, Open Publishing GmbH
Druck und Bindung: Books on Demand GmbH, Norderstedt Germany
ISBN: 9783668321151

Dieses Buch bei GRIN:

http://www.grin.com/de/e-book/170456/kinder-und-jugendliteratur-im-daf-unter-
richt-anhand-von-stefen-zweigs

Sijia Meng

Kinder- und Jugendliteratur im DaF-Unterricht anhand von Stefen Zweigs "Brennendes Geheimnis"

GRIN Verlag

GRIN - Your knowledge has value

Der GRIN Verlag publiziert seit 1998 wissenschaftliche Arbeiten von Studenten, Hochschullehrern und anderen Akademikern als eBook und gedrucktes Buch. Die Verlagswebsite www.grin.com ist die ideale Plattform zur Veröffentlichung von Hausarbeiten, Abschlussarbeiten, wissenschaftlichen Aufsätzen, Dissertationen und Fachbüchern.

Besuchen Sie uns im Internet:

http://www.grin.com/

http://www.facebook.com/grincom

http://www.twitter.com/grin_com

Inhaltsverzeichnis

Teil I

1.1. Themenvorstellung und Inspiration

Selbst für Muttersprachler ist Lesen einer langen Erzählung, gar eines ganzen Romans nicht durchaus ohne Probleme - wie werden Lerner vor fremdsprachiger Literatur reagieren? Angst? Schreck? Frustriert, daher keine Lust mehr zu lesen oder bereit sich erneut motivieren zu lassen?

Fremdsprachendidaktik mit literarischen Texten bringt immer eine spannende Diskussion mit sich. Die Funktionen und die Umsetzungspraxis der literarischen Didaktik im Fremdsprachenunterricht werden seit langem aus verschiedenen Perspektiven untersucht, unter denen auch die Sorte der verwendeten Unterrichtsstoffe, also der eingesetzten literarischen Texte, einfällt.

Kinder- und Jugendliteratur als eine zwar nicht im Fokus stehende „klassische" Sorte zieht jedoch stets das Augenmerk der fremdsprachlichen Erzieher und Pädagogen an, und regt darauf folgende umstrittene Fragen an, bei denen es um die Legitimation, das Potential oder das Vorgehensweise des Einsatzes der KJL im FSU geht.

Vom Standpunkt vieler Lehrerinnen und Lehrer aus benötigt der Einsatz der Kinder- und Jugendliteratur, insbesondere das ganze Werk im Fremdsprachenunterricht echt Wagnis.[1] Normalerweise findet man in vielen Deutschlehrwerken nur kurze Auszüge aus literarischen Werken, und ganz selten werden Lerner zur systematischen Arbeit mit der Lektüre einer ganzen Erzählung oder eines Romans im Unterricht gebracht.[2] Außerdem stellt Lehrenden die Rücksicht auf die Altersvarianten der Lernenden eben die Unschlüssigkeit schon bei der Unterrichtsplanung mit der Einführung der KJL.

Stefan Zweigs Novelle „Brennendes Geheimnis" bin ich bereits vor einigen Jahren im Germanistik-Studium begegnet und sie hat mich damals beim Lesen so begeistert, dass ich danach sie mehrmals wieder gelesen habe, und der Gedanke an sie schoss mir sofort durch den Kopf, als ich mit dem Thema „Kinder- und Jugendliteratur im DaF-Unterricht" im Seminar anfing. Diese von Zweig geschilderte gespannte

---

[1] Vgl. Dominique Lafargue: „Die Ilse ist weg"- Ein Jugendbuch für den Deutschunterricht. In: Fremdsprache Deutsch 11/1999, S. 14.
[2] Ebd.

konfliktäre Geschichte zwischen einem 12-jährigen und Erwachsenen und der innere Kummer bzw. die auffällige Verhaltensweise des Kindes während des Konfliktes führen mich immer zur Überlegung in diesem Rahmen.

Zwar zählt Stefan Zweig nie zu den typischen Kinder- und Jugendliteratur- Klassikern, unter denen die Namen wie Erich Kästner, Astrid Lindgren oder Christine Nöstlinger auffallen, aber- egal, ob in der Geschichte oder Gegenwart- es gibt immer die Autoren, die Kinder- und Jugendliteratur schreiben, obwohl sie als Schriftsteller von Erwachsenenliteratur bekannt geworden sind oder umgekehrt, und diese Tendenz nimmt sogar zu, was gerade dazu beiträgt, dass Kinder- und Jugendliteratur immer mehr in die Kategorie der Gesamtliteratur aufgenommen wird.[3]

In dieser Arbeit will mich deswegen mit ein paar Leitfragen wie „ob *Brennendes Geheimnis* zur Kinder- und Jugendliteratur gehört", „inwiefern *Brennendes Geheimnis* als KJL im DaF-Unterricht auszuwerten ist" sowie „wie die Arbeit mit der Novelle die Kompetenzen der Lernenden fördern kann" auseinandersetzen. Entgegen einigen Auffassungen, z.B. dass ein ganzes literarisches Werk meistens nicht geeignet für den Einsatz im Unterricht sei, oder dass KJL für erwachsene Lerner untauglich sei, soll auch gezeigt werden, dass die Behandlung mit einer Ganzschrift von KJL großes Potential für kreativen Unterricht haben und noch zur nachhaltigen Förderung der Lesekompetenz beitragen kann.

1.2. Der Autor und das Werk

1.2.1. „Der Jäger des Herzens": Stefan Zweig

Mit zahlreichen weltbekannten literarischen Werken gilt der österreichische Schriftsteller Stefan Zweig mit jüdischer Herkunft als einer der Literanten des 20. Jahrhunderts, die besonders exzellent in der Beschreibung des Inneren der Menschheit sind: in der Frühzeit des vorigen Jahrhunderts wurde Stefan Zweig aufgrund des auffallenden

---

[3] Vgl. Hans-Heino Ewers: Literatur für Kinder und Jugendliche. Eine Einführung, München 2000, S. 9.

literarischen Stils für weder total eigenartig noch überkommen gehalten. Einerseits entspringen seine Werke dem Hintergrund der westlichen Kultur und Realität, andererseits hat er beispiellos den Schwerpunkt der Beschreibung auf die Analyse der menschlichen Psyche gelegt.[4] Romain Rolland hat ihn als „Jäger des Herzens"[5] bezeichnet, und es könnte im Zusammenhang mit ihm die Rede von dem Vorreiter des „Psychischen Realismus"[6]sein.

Stefan Zweigs Werke sind für tiefgreifende Beschreibungen des Inneren, die Eleganz der Sprache und künstlerische Wirkungskraft sowie die verwickelten Handlungen weltberühmt, und davon sind insbesondere mehrere exemplarische Novellen und Erzählungen, die durch poetische Sprache, dramatischen Erzählstil und nicht zuletzt die eingehende Psychoanalyse der Figuren gekennzeichnet sind, bei Lesern aus aller Welt beliebt.[7]

1.2.2. Kurze Vorstellung des Novellenbandes *Erstes Erleben. Vier Geschichten aus Kinderland*

Bereits im Jahr 1904 hat Stefan Zweig einen Band mit vier Novellen (Die Liebe der Erika Ewald) herausgegeben, sich dann aber neben seiner Monographie über *Émile Verhaeren* der Lyrik (*Die frühen Kränze*, 1906) und dem Drama (*Tersites*, 1907) zugewandt, insgesamt aber ohne durchschlagenden Erfolg. 1911 erschien der Novellenband *Erstes Erleben. Vier Geschichten aus Kinderland*, mit dem er zur Prosa zurückkehrte.[8] Neben *Brennendes Geheimnis* enthält dieser Novellenband die Novellen *Geschichte in der Dämmerung, Die Gouvernante* und *Sommernovelette*. Im Mittelpunkt der Novellen steht die Welt der kindlichen Psyche und ihrer frühpubertären Regungen, die Freud in seinen Schriften zu analysieren unternommen hat. Dass die vier Novellen

---

[4] Vgl. Joseph P. Strelka: „Psychoanalytische Ideen in Stefan Zweigs Novellen". In: Literatur und Kritik 1982, H. 169/170, S. 45.
[5] Rolland 1966, S. 307-325.
[6] Ebd.
[7] Vgl. Strelka 1982, S. 46f.
[8] Vgl. Alphabetisches Verzeichnis zu Stefan Zweigs Werken bei S. Fischer und im Fischer-Taschenbuch-Verlag, hrsg. Knut Beck, Frankfurt a. M. 1990; Bibliographie der Werke von Stefan Zweig: dem Dichter zum fünfzigsten Geburtstag dargebracht vom Insel-Verlag, hrsg. Fritz A. Hünich / Erwin Rieger, Leipzig 1931.

den gleichen auffallenden Aspekt teilen, und zwar dass Lesern die erotische und laszive Atomsphäre der Erwachsenenwelt durch die „Augen" der pubertären Kinder präsentiert wird, ist doch der Beweis dafür, dass dieser Novellenband zur Erinnerung an die Kinder– und Jugendzeit Zweigs und zum frühsten Versuch der literarischen Anwendung von Freuds Theorie Freuds dient.[9] Als der Wiener Psychologe Sigmund Freud um die Jahrhundertswende die Begriffe und Theorie zur Libido, Vorgefühl, Unterbewusstsein, die anspannende Urbeziehung zwischen Vater und Sohn aufstellte, wurde Zweig sowohl Zeuge als auch Beteiligter der sensationellen revolutionären Theorien Freuds, während der große Teil der damaligen Gesellschaft sie noch nicht akzeptieren konnte.[10]

Von diesem Novellenband an hat Zweig in seinen Novellen und Erzählungen einschließlich einiger Romane großen Wert auf die innere Welt und Psychologie der Menschen gelegt.[11] Der Meinung der Leser nach seien solchen Werke nahezu Trivialliteratur und hätten weder komplizierten historischen Hintergrund noch anspruchsvolle Themen, sondern immer schlicht um einen Fokus – der seelische Stand – die Seele aus Leidenschaft und mysteriösem Menschlos, die schleichend die ganze Existenz zersetzen bis an die Grenze zur Zerstörung: wie z. B. die erotischen Affekte in *Verwirrung der Gefühle*; die Erschütterung des Zwölfjährigen, als er das *Brennende Geheimnis* der Erwachsenen zu ahnen beginnt.

1.3. Gehört *Brennendes Geheimnis* zur Kinder- und Jugendliteratur?

Um es zu beurteilen, ob die Novelle *Brennendes Geheimnis* zu Kinder- und Jugendliteratur gehört oder gewissermaßen als Text mit exemplarischen Besonderheiten im Rahmen der KJL betrachtet werden könnte, muss die Definition der KJL zunächst erklärt werden. Zudem wird eine Subgattung der KJL *Adoleszenzroman* vorgestellt, weil der Protagonist in dieser Novelle aus dem Aspekt vom Alter der Adoleszenz entspricht.

---

[9] Vgl. Leszek Dziemianko: Gefühlsleben und sittliche Normen- Zur bürgerlichen Moral in Novellen Stefan Zweigs. In: Orbis Linguarum, Vol. 15, Legnica 2000, S. 5-6.
[10] Ebd.
[11] Ebd.

1.3.1. Was ist Kinder- und Jugendliteratur bzw. Adoleszenzroman?

Wenn wir vom Aspekt der Adressaten ausgehen, könnte die Kinder- und Jugendliteratur sich an die Gruppen vom Säugling über Jugendlichen bis zum jungen Erwachsenen orientieren.[12]

Wird die KJL im didaktischen Rahmen nach einigen Differenzierungen aus der Kinder- und Jugendliteraturforschung betrachtet, was sowohl den vorhandenen Texten als auch den Lehrenden und Lernenden gerecht ist,[13] unterscheiden sich drei Gruppen voneinander: die intentionale KJL, unter der all das, was Kinder und Jugendliche nach den Vorstellungen der Erwachsenen wie Eltern, Lehrern, Verlegern und Kritikern lesen sollten, steht; die spezifische KJL, die als Prototyp der KJL von heute sich erst im 18. Jahrhundert entwickelt hat und vom Anfang an speziell für Kinder- und/oder Jugendliche geschrieben ist; die Kinder- und Jugendlektüre, die von Kindern und Jugendlichen tatsächlich gelesen wird.[14]

Wenn wir weiterhin auf das breite Spektrum an Themen, Motiven und Gattungen der Kinder- und Jugendliteratur eingehen, erscheinen noch eine Fülle von unterschiedlichen Gattungen, die sich jeweils an unterschiedliche Alters-, Schwierigkeitsebenen und ästhetische Ansprüche orientieren könnten, vor Augen. Das Bilderbuch, Kinderlyrik, das Märchen, die phantastische Kinder- und Jugenderzählung, das realistische Kinderbuch, das Mädchenbuch, Detektivgeschichte, das Abenteuerbuch, das Tierbuch, der Adoleszenzroman, das religiöse Kinder- und Jugendbuch, Comics, Kinder- und Jugendtheater, Kinder- und Jugendliteratur multimedial (z. B. KJL auf Film/Video oder von Hörbüchern) sowie Kinder- und Jugendzeitschriften usw. lassen sich im weiteren Sinne im Rahmen einer Gesamtdarstellung des Bereiches Kinder- und Jugendliteratur beinhalten.[15]

---

[12] Vgl. Emer O'Sullivan/Dietmar Rösler 2002a, S. 68.
[13] Ebd., S. 67.
[14] Ebd.
[15] Zusammengefasst nach Kinder- und Jugendliteratur: Zur Typologie und Funktion einer literarischen Gattung & Einführung in die Kinder- und Jugendliteratur (Gerhard Haas 1974).

Einige Themen, z. B. wie Außenseiter, Verräter, die erste Liebe oder sexuelle Erfahrung, Beziehungskonflikte, Identitätssuche und Erwachsenwerden[16], um die es sich in vielen jugendliterarischen Texten handelt, lassen Menschen ganz spontan an den oben einmal erwähnten Begriff „Adoleszenzroman" denken. Als eine wichtige Gattung von KJL werden Adoleszenzromanen und ihr Einsatz im Fremdsprachenunterricht auch viel diskutiert. Prinzipiell geht es im Adoleszenzroman um die Darstellung von Heranwachsenden nach den jeweiligen Vorstellungen von Jugendlichseinseitens der Autoren.[17] Anders als der normale klassische Erziehungs- und Bildungsroman, in dem Kindheit und Jugend noch als Vorstufen für eine geglückte Integration in die Erwachsenenwelt interpretiert werden,[18] werden die jugendlichen Protagonisten in Adoleszenzerzählungen bzw. -romanen anhand der dramatischen Handlungen stark in die Gesellschaft der Erwachsenen eingemischt, damit die unlösbaren Konflikte zwischen Jugendlichen und Erwachsenen, die existentielle Krise, in die die literarischen Helden während der Adoleszenz geraten, sowie der zu einer Annäherung der hochgesteckten Ansprüche mit der gesellschaftlichen Wirklichkeit führende Entwicklungsprozess der jugendlichen Protagonisten präsentiert werden.[19]

1.3.2. Inhaltsangabe und Besonderheit der Novelle *Brennendes Geheimnis*

In der Novelle *Brennende Geheimnis* geht es um die Konfrontation des behütet aufgezogenen, kränklichen Knaben Edgar mit der Tatsache, dass seine verführerische Mutter ein „brennendes Geheimnis", ein Verhältnis mit einem leichtlebigen Baron hat.

Die Haupthandlung sieht so aus: Ein junger Baron auf Urlaub am österreichischen Semmering fürchtet bei seiner Ankunft eine wenig erfreuliche Zeit und langweilt sich sehr. Weder Bekannte noch interessante Frauen sind anwesend. Doch dann bemerkt er

---

[16] Vgl. Ansgar Nünning: Growing up: Darstellung der Adoleszenz im englischen Roman der Gegenwart. Lektüreanregungen für den Englischunterricht der Oberstufe – Teil I. In: Fremdsprachenunterricht, 3/1994.
[17] Vgl. Simone Klein: Der skandinavische Adoleszenzroman der Gegenwart und seine Bedeutung für die Theorie des Adoleszenzromans in Deutschland (Dissertation), Frankfurt a. M. 2005, S. 4.
[18] Vgl. Carsten Gansel: Klassischer bzw. traditioneller Adoleszenzroman. In: Lange, Güther (Hg.): Taschenbuch der Kinder- und Jugendliteratur, Bd.1, Baltmannsweiler 2000, S. 359.
[19] Ebd.

eine zwar schon etwas ältere, aber immer noch schöne Frau mit ihrem 12-jährigen Sohn im Speisesaal. Der 12-jährige Edgar verbringt dort zusammen mit seiner Mutter einen Kuraufenthalt, weil er sich von einer langzeitigen Krankheit erholen muss. Um mit der Mutter in Kontakt zu kommen, freundet er sich mit dem Kind an und wird von ihm sofort begeistert angehimmelt. So kommt er auch mit der Mutter ins Gespräch und mit steigendem Interesse und Eifer füreinander interessieren sich beide immer weniger für den Knaben. Edgar reagiert auf die Zurückweisung mit Hass und Abweisung und beschließt, die beiden nicht mehr aus den Augen zu lassen, um hinter ihr Geheimnis zu kommen. Die Situation spitzt sich immer mehr zu. Nach der heftigen Konfrontation haut Edgar ab. Aber endlich versöhnt er sich mit seiner Mutter bei der Großmutter und sogar hilft ihr seinem Vater gegenüber beim Verschweigen des Geheimnisses.[20]

Diese Novelle gliedert sich in 15 Teile, die jeweils einen Untertitel hat, nämlich *Der Partner, Rasche Freundschaft, Terzett, Angriff, Die Elefanten, Geplänkel, Brennendes Geheimnis, Schweigen, Die Lügner, Spuren im Mondlicht, Der Überfall, Gewitter, Erste Einsicht, Verwirrende Finsternis, Der letzte Traum.*

Diese Novelle fand sehr schnell ihr Leserpublikum und nach der Statistik erreichte die Einzelausgabe bereits im ersten Jahr der Veröffentlichung eine Auflage von 10.000 Exemplaren.[21] Die zeitgenössische Kritik lobte die Novelle. Auch andere bekannte Schriftsteller wie Hermann Hesse schätzten sie sehr hoch.[22] Auch in den folgenden Jahren gewann die Novelle zunehmend an Verbreitung und erreichte eine Auflage von 170.000 Exemplaren bis seine Werke 1933 auf die Listen für die Bücherverbrennungen der Nazis gesetzt wurden.[23]

---

[20] nach Kap. *Der letzte Traum* von *Brennendes Geheimnis*.
[21] Oliver Matuschek: Drei Leben. Stefan Zweig – Eine Biographie, Frankfurt 2006, S. 123.
[22] Nach „Nachdem Sie neulich abgereist waren, las ich wieder Ihr „Brennendes Geheimnis", und die Intensität und Wahrheit dieser lieben Dichtung sprach wieder." Aus: Hermann Hesse: Briefwechsel. Bibliothek Suhrkamp 2006, S. 96.
[23] Alfred Pfoser: Verwirrung der Gefühle als Verwirrung einer Zeit. Bemerkungen zum Bestsellerautor Stefan Zweig und zur Psychologie in seinen Novellen. In: Heinz Lunzer und Gerhard Renner (Hrsg.): Stefan Zweig 1881/1981. Aufsätze und Dokumente. Wien 1981, S. 8

1.3.3. In welchem Rahmen bzw. inwiefern ist *Brennendes Geheimnis* als KJL auszuwerten?

Was bei dem erzählenden Aspekt in dieser Novelle interessant ist, ist es, dass das Interesse des Erzählers nicht diesem Verhältnis zwischen beiden Erwachsenen gilt, sondern der innere Bewegung und dem Erkenntnisprozess des Kindes, das nach einer ersten Ahnung und einer Phase seelischen Verstörung und Ablehnung schließlich die geheimnisvollen Beziehungen der Erwachsenenwelt geistig erfassen und hinnehmen kann.

Der Autor wirft seinen Blickwinkel auf die psychologischen Veränderungen und die feinfühligen Schilderungen von Edgars Schritten in die Welt der Erwachsenen zwischen Traum und Realität, was damals, vor fast einem Jahrhundert, neu war. Er traf die Zeitströmung, wie sie damals im Wien seiner Zeitgenossen Sigmund Freud und Arthur Schnitzler herrschte.[24] Die Situation des Jungen im Generationenkonflikt mit den Spielregeln der Erwachsenen, die bis zur körperlichen Auseinandersetzung geht, kann als Metapher für den Übergang der etablierten Gesellschaftsordnung in ein neues Jahrhundert am Vorabend des Ersten Weltkriegs gedeutet werden.[25] Tatsächlich wird die außerordentliche, intuitive psychologische Sehschärfe[26], die sich in diesen Novellen zeigt, in anderen drei Geschichten des Novellenbandes *Erstes Erleben. Vier Geschichten aus Kinderland* und mehreren Werken von Zweig dominierend, beeindruckend dargestellt, sei es die seelische Verwirrung im *Amokläufer* und in *Verwirrung der Gefühle* oder die ungewöhnliche Leidenschaft des alten Mannes für seine *Unsichtbare Sammlung*.

Der Anlass oder das „verborgene" Motive von Zweig, die Novelle zu schreiben bleibt auch immer nicht eindeutig und eine dabei bekannteste vermutete Andeutung ist mit der damaligen politischen Situation geprägt, was sich von der folgenden Information

---

[24] Vgl. Lou Andreas-Salomé: Im Zwischenland. Fünf Geschichten aus dem Seelenleben halbwüchsiger Mädchen. J. G. Cotta'sche Buchhandlung Nachfolger, Stuttgart u. Berlin 1925.
[25] Vgl. Achim Küpper: „Eine Fährte, die ins Dunkel läuft". Das Scheitern epochaler Übergänge und die Dehumanisation des Menschen: Stefan Zweigs „Brennendes Geheimnis". Modern Austrian Literature, 42, 2, 2009, S. 17-40.
[26] Vgl. Dziemianko 2000, S. 9.

ablesen lässt: Im März 1933 kam die Verfilmung von Brennendes Geheimnis in die Kinos. Da der Titel in Hinblick auf den Reichstagsbrand viel Anlass zu Spott bot, wurde die weitere Aufführung des Films verboten.[27]

Obwohl dies weder von einem „klassischen KJL" Literaten noch als spezifische KJL geschrieben wurde, ist das Werk durch seine hervorragenden Charakteristika in Bezug auf die innerliche Welt von Kindern und Jugendlichen - insbesondere den Heranwachsenden in Vorpubertät oder Pubertät - und sieht daher bei den literaturdidaktischen Implikationen attraktiv aus.

Das Buch schildert einfühlsam die Probleme eines Zwölfjährigen mit der Welt der Erwachsenen. Stefan Zweig versteht es sehr gut ein Sittenbild der damaligen Zeit zu geben. Zum besseren Verständnis dient ein Zitat: „Furchtbar, Kind zu sein, voll von Neugier und doch niemand fragen zu dürfen, immer lächerlich zu sein vor diesen Großen, als ob man etwas Dummes oder Nutzloses wäre. Aber ich werde es erfahren, ich fühle, ich werde es jetzt bald wissen."[28]

Zweig geht bei seiner Beschreibung des Kindes, aber auch des Barons weit in die Tiefe ihrer Motivationen und zeigt deutlich sowohl die Verletzlichkeit auf der einen, als auch das gedankenlose Ausnutzen auf der anderen Seite. Die fatale Wirkung von unachtsamen, eher gedankenlosen als bösartigen Umgang von Erwachsenen mit Kindern ist das Hauptmotive, auf das der Autor offensichtlich mit aller Deutlichkeit hinweist.

Im Hinblick auf die sprachliche Ebene ist diese Novelle auch wegen ihres eigenartigen Blickwinkels zwischen der Figurenkonstellation durch zahlreiche relativ kurze und einfache Sätze, die besonders in Form von einer Menge der kindlichen Monologe, die der junge Edgar nie auszudrücken wagt, gekennzeichnet. Selbst die beschreibende Sprache z. B. bei der Landschaft, die zwar einerseits vom klassischen Schriftsteller zur literarisch anspruchsvollen Ebene gebracht wird, andererseits auch der deutschsprachlichen Grammatik und Anwendungsnormen gemäß ziemlich prägnant und poetisch ist. Dies ist auch widerzuspiegeln von der Veröffentlichung des zweisprachigen Buches *„Stefan Zweig: Brennendes Geheimnis und Die Hochzeit von Lyon*

---

[27] Vgl. Matuschek 2006.
[28] Stefan Zweig 1987, S. 56.

(Deutsch-Chinesisch) - Reihe bekannter Stücke der Literatur aus deutschsprachigen Ländern[29], das ich als sehr empfehlenswert für die chinesischen Deutschlernenden halte, bzw. dem Interviewgespräch[30] des chinesischen Übersetzers *Zhang, Yushu* aus der Universität Peking, der als einer der berühmtesten Germanisten und Übersetzer für Zweigs Werke in der Gegenwart gilt.

Teil II

2.1. Kinder- und Jugendliteratur im Unterricht *Deutsch als Fremdsprache*

Der Streit um die Einführung der Kinder- und Jugendliteratur in den Fremdsprachenunterricht scheint seit langem geblieben. Beide Seiten von Pro und Kontra haben eigene Gesichtspunkte:

Die Argumente für den fragwürdigen Einsatz von Kinder- und Jugendliteratur im Fremdsprachenunterricht lautet z. B. so: Bei der geringen verfügbaren Unterrichtszeit würde der Einsatz von KJL einen kanonisierten Text verdrängen, auch evtl. den Lektürebedürfnissen der erwachsenen Lehrer nicht entgegen kommen oder wahrscheinlich auch aus ästhetischem Aspekt nicht angemessen sein.[31] In Augen von manchen Sprachenpädagogen solle KJL sogar von der „richtigen" Literatur ausgeschlossen werden.[32]

Auf der anderen Seite dürfe KJL aufgrund ihrer Themen, Umfang und sprachliche Besonderheiten als etwas Aktuelles, das den jungen Lernenden Anknüpfungspunkte oder Identifikationsmöglichkeiten bietet, angesehen werden.[33]

---

[29] Das Buch, mit dem ich mich später in dieser Arbeit noch weiter als Beispiel des Unterrichtseinsatzes beschäftigen werde, gehört zu dem vom Verlag der Universität Peking geleiteten Publiktionsprojekt, das die Vermittlung der sprachlich schönen aber nicht zu schweren deutschsprachigen literarischen Werke von kleinem bis mittlerem Umfang in China als Ziel setzt.

[30] Der originale Auszug (Chinesisch)aus http://www.ewen.cc/books/bkview.asp?bkid=145795&cid=444689

[31] Vgl. die Wiedergabe der Argumente gegen den Einsatz von Jugendliteratur beim Fremdsprachenlernen in Moffit, 1998.

[32] Der implizite Gesichtspunkt nach „[…] die KJL liefere einen Bezug zur Erfahrungswelt der Jugendlichen und führe evtl. zur Lektüre 'richtiger' Literatur" (vgl. Sernetz 2000, S. 81).

[33] Vgl. Daniela Caspari/Helga Schiller: Wider die Langeweile. Alternative Formen der Textarbeit. *Der fremdsprachliche Unterricht Französisch, 4,* S. 4.

Meines Erachtens sollte das Thema „die Einführung der KJL in den DaF-Unterricht bzw. die konkrete Unterrichtspraxis" auf doppelte Forschungsebenen referiert werden. Zum einen bezieht es sich auf den Gebiet der Didaktisierung mit der KJL, die in diesem Fall als ein spezifischer Forschungsgegenstand der Literatur- bzw. Didaktiktheorie in Betracht gezogen wird; zum anderen ist es selbstverständlich im Rahmen der Fremdsprachendidaktik mit dem Schwerpunkt Literaturkompetenzorientierung. Die beiden überschneiden sich also bei der Literaturdidaktik, die allerdings für die Fremdsprachenlernenden ein paar Besonderheiten - sowohl theoretisch als auch praktisch - aufweist.

Im Rahmen der Kinder- und Jugendschulung werden die sprachlichen Kenntnisse und subjektivierende ästhetische Fähigkeiten, die bei allgemeinen Bildungsstandards den objektivierenden Naturwissenschaftlichen Kompetenzen gegenüber häufig vernachlässigt werden und in Marginalisierung treten,[34] gefördert.

Wegen ihrer Kinder- und Jugendgemäßheit und Einfachheit könnte die KJL in diesem Sinne gerade als Anfängerliteratur in die Didaktik eingebracht werden, und damit zum Literaturerwerb als Fortschreiten von elementaren zu komplexen literarischen Verfahren dienen.[35]

Der Einsatz der Bilder und Kinderbücher im Deutschunterricht in der Grundschule oder die Lektüre von Adoleszenzromanen im gymnasialen Unterricht ist die exemplarische Einsatzmöglichkeit[36], an die man einfach auf dem Gebiet Didaktisierung mit KJL denkt.

Durch Erzählen und Vorlesen sollten die Kinder und Jugendlichen mit neuem, insbesondere dem schriftlichen, literarischen Sprachmaterial, vertraut gemacht werden. Durch wiederholtes Lesen, interaktives Unterrichtsgespräch und integrierte Aufgaben könnten ästhetische Wahrnehmung, subjektivierende Verständnis (wie Empathie und die Fähigkeit im Eigenen Fremdes und im Fremden Eigenes zu erkennen)[37], sowie sprachliche Äußerungen der sinngebenden Phänomene in der Lebenswelt von Kindern

---

[34] Vgl. Decke-Cornill/Gebhard 2007, S. 11f.
[35] Vgl. Ewers 2000, S. 250
[36] Vgl. Emer O'Sullivan & Dietmar Rösler 2002b, S. 5.
[37] Vgl. Decke-Cornill/Gebhard 2007, S. 22ff.

und Jugendlichen, die sich gerade in der Anfangsphase der Literaturdidaktik befinden, systematisch geschult und gefördert werden.

Kinder und Jugendliche nutzen die Lektüre außerdem auch als Abgrenzung von den Eltern. Lesen dient ihnen als ein Mittel der Beziehungsregulation, mit dem sie sich einerseits Zuwendung verschaffen, sich andererseits aber auch eine relative Autonomie eröffnen, indem sie in Geschichten und Schicksal der Gleichaltrigen eintauchen, die nur ihre eigenen sind. Ganz darauf abgestimmt ist das Angebot wunscherfüllender, zur Identifikation motivierender Lektüre.

Die Anwendungsmöglichkeit von der KJL lässt sich dadurch doch noch nicht erschöpfen. Auch für fremdsprachenlernende junge Erwachsene, sogar Erwachsen mit unterschiedlichen Hintergrundsvarianten u. a. Herkunft, Muttersprache, schon erworbenen Fremdsprachniveau und anzustrebende Lernziele sowie Lernsituationen usw., was zwar seit langem einerseits beim fremdsprachlichen Curriculum als umstritten angesehen wird, andererseits im Bereich *Literaturwissenschaft und -didaktik* noch geringgeschätzt bleibt.

2.1.1. Warum ist Kinder- und Jugendliteratur für den lesekompetenzorientierten DaF-Unterricht einzusetzen?

Beim Leseverstehen der literarischen Texte geht es um den Sinngehalt eines Textes, und dazu gehört , dass man sich auf den individuellen Text einlassen muss, damit die Interaktion zwischen Text und Leser geschaffen werden kann.[38]

„Leseförderung im Kontext von Kinder- und Jugendliteratur ist auch Literaturförderung" und sie „beinhaltet alle Einfluss- und Beschäftigungsmöglichkeiten zu nutzen, die darauf abzielen, die Beschäftigung mit den Printmedien (Buch, Zeitung, Zeitschrift) bei Kindern und Jugendlichen zu fördern, um Lesemotivation und Lesefreude zu entwickeln, aufzubauen und zu vertiefen."[39]

---

[38] Vgl. Lothar Bredella 2007, S. 78.
[39] Manfred Marquardt: Einführung in die Kinder- und Jugendliteratur, 11. Auflage, Troisdorf 2005, S. 8.

In Vergleich zu den reinen Lehrbuchtexten und anderen Gruppen der literarischen Werken lässt sich ein paar Funktionen der deutschen Kinder- und Jugendliteratur als Lektüre im DaF-Unterricht zur Leseförderung erkennen, z. B. wie die Nutzbarmachung der Gefühlsintensität für junge Lerner, die Ermöglichung von Leseerfahrungen durch rezeptionsästhetischen Arbeiten. Bei konkreter Praxis sind auch nicht wenige Beispielen zu nennen[40]: Interkulturelles Verstehen mit multikulturellen Jugendromanen, der Einsatz des Bilderbuchs in der Frühphase des Fremdsprachenlernens, handlungs- und rezeptionsorientierter Umgang mit einem Adoleszenzroman unter jungen Lernenden usw.

2.1.1.1. Kompetenzorientierung mit literarischen Texten im Fremdsprachenunterricht

Bei der Diskussion der Beiträge der literaturdidaktischen Implementierung zur Fremdsprachenunterricht ist die wesentliche Frage „welche bzw. wie relevante Kompetenzen mit Literarischen Texten insbesondere im Fremdsprachenunterricht erreicht/gefördert werden können" zu beantworten.

Auf dem didaktischen Gebiet hat der Begriff „literarische Kompetenz" mit dem Paradigmenwechsel zur Kompetenzorientierung Einzug gehalten. Unter dem versteht man diejenigen Kompetenzen, die sich auf den Umgang mit literarischen Texten beziehen.

Warum bzw. wie kann der Umgang mit literarischen Texten (Literaturdidaktik) den Erwerb von Kompetenzen der Lernenden fördern? Dazu braucht man für diesen kompetenzfördernden Wert von Literatur neue Ansätze als Nachweise, mit denen der Literaturunterricht auch in die Mitte der Bildungsaufgaben - insbesondere der Fremdsprachenunterricht - rücken.

Sie fördern den Erwerb zahlreicher unmittelbar mit dem Sprachenlernen verbundener Kompetenzen. Darunter stehen z.B. Lesekompetenzen und Schreibkompetenzen oder

---

[40] Beispiele werden zitiert aus Bredella/Burwitz-Melzer: Rezeptionsästhetische Literaturdidaktik, Tübingen 2004.

narrative, performative und interkulturelle Kompetenzen sowie kognitive, affektive, evaluative und soziale Kompetenzen.[41]

Der Begriff „literarische Kompetenz" in Anlehnung an Chomskys Begriff der „linguistischen Kompetenz" in den 1960er Jahren bezeichnete die Fähigkeit, poetische Strukturen zu produzieren und zu verarbeiten.[42] In der Weiterentwicklung wurde zwischen produktiver (Schreibkompetenz, wie das Schreiben über literarische Texte, das Produzieren eigener literarischer Texte oder das szenische Spiel als Teilkompetenzen angesetzt werden) und rezeptiver (wie Lesekompetenz) literarischer Kompetenz unterschieden und auf letztere fokussiert.

2.1.1.2. Warum und wie können literarische Texte für die Förderung der fremdsprachlichen Lesekompetenzen leisten?

Lesen gilt als die zentrale Kompetenz zur Aneignung der Welt, egal Muttersprachliches oder fremdsprachliches Lesen. Textverstehen verlangt sowohl kognitive Leistungen, motivationale und emotionale Beteiligung als auch die Fähigkeit zur Teilnahme an Anschlusskommunikation in sozialer Interaktion,[43] was für kommunikativen Fremdsprachenunterricht nicht nur relevant, sogar von der Kernbedeutung ist.

Lernende müssen über Teilfertigkeiten des Lesens verfügen, um Bildungsziele, die mit literarischen Texten verbunden sind, realisieren zu können.[44] Bei Leseprozessen zählen Automatisierung von Grundfertigkeiten, Leseflüssigkeit, Inferenzen, Selektivität, Hypothesenbildung, Anwendung von Hintergrundwissen, Flexibilität zu den genannten Teilfähigkeiten von Lesekompetenz , die textsortenübergreifend gelten und einer Spezifizierung im Hinblick auf Gattungen und Textsorten bedürfen.[45] Dabei spielt „Inferenzen" eine entscheidende Rolle beim Lesen narrativer Texte. Narrative (Erzählende) Texte sind für Untersuchung der Inferenzen von großer Bedeutung.

---

[41] Vgl. Wolfgang Hallet 2007, S. 32-35.
[42] Vgl. Bergfelder 2008.
[43] Wolfgang Michel/ Peter Sternagel: Zur Entwicklung der Lesekompetenz in Deutsch als Fremdsprache (On the Development of Reading Competence in German as a Foreign Language) München, 1979.
[44] Vgl. Bredella/Hallet 2007, S. 1f.
[45] Vgl. Swantje Ehlers: Lesetheorien, Lesekompetenz und Narrative, Trier 2007, S. 120f.

Während des Lesens mit normaler Lesegeschwindigkeit wird eine Vielfalt von Inferenzen erzeugt, deren Schwerpunkt auf der Ereignisstruktur von narrativen Texten liegt. Nach verschiedenen Typen lassen sich Inferenzen so klassifizieren[46] : 1. Referenzidentität; 2. Kausale Ursachen; 3. Handlungsziel; 4. Thema; 5. Emotionen von Figuren; 6. Kausale Folgen; 7. Eigenschaften von Personen/Objekten; 8. Reaktionen des (impliziten) Lesers; 9. Textintentionen.

Die „Inferenzbildung" erfolgt sowohl in Abhängigkeit von der Situation des Lesens als auch von der Kompetenz des Lesers, z.B. wie das Verfügen über Weltwissen und Sprachkenntnisse. Außerdem werden Leseziele und –motive den Einfluss auf die inferentielle Tätigkeit ausüben.[47]

Es scheint auch deutlich, dass ein Faktor für einen gezielten systematischen Aufbau von der umfassenden kompetenzförderung im literarischen Fremdsprachenunterricht die allerersten Voraussetzung ist, nämlich das Schaffen von *Lesemotivation*, ohne die alle Lehr- und Lernziele nur misslingen würden.

Literarische Texte fördern die zudem Lesekompetenz nicht nur bei kognitiven, sondern auch emotionalen Faktoren. Die emotionale Komponente steht in engem Zusammenhang mit der motivationalen Komponente. Vermutlich läuft bei jedem Leseprozess eine emotionale Selbstbeobachtung mit, die Lust oder Unlust während der Lektüre registriert.

Literarische Rezeptionskompetenz bezeichnet die Fähigkeit des Lesers, einen Text so zu erfassen, dass eine möglichst umfassende und differenzierte Sinnentfaltung erfolgt. Literarische Texte sind für ihre Leserinnen und Leser also vor allem bildungsrelevant, weil sie ein Modell für die Deutung ihrer Erfahrungen, Hoffnungen und Ängste usw. bereitstellen und ihnen damit das Gefühl, verstanden und anerkannt, und gleichzeitig zur Reflexion und Veränderung ihres eigenen Verhaltens angeregt zu werden, geben können.[48] Dazu sind also „Sprachbeherrschung", „Wissen über die Welt, Epoche und die dargestellte Zielkultur " sowie „Vertrautheit mit literarischen Konventionen" als wichtige Faktoren benötigt.[49]

---

[46] Ebd. S. 121.
[47] Vgl. Ehlers 2007, S. 117f.
[48] Vgl. Bredella 2007, S. 74.
[49] Vgl. Burwitz-Melzer 2003.

16

Die von der Literaturdidaktik geförderten fremdsprachlichen Lesekompetenzen enthalten objektivierende und subjektivierende Elemente. Manche von ihnen sind geeignet für beobachtbare, standardisierbare Aufgabenstellungen, und zwar das Testbare/Messbare, andere sind dies nur bedingt oder teilweise, andere weichen von dem operationalisierenden Zugriff völlig ab, und sind einfach ein gutes Beispiel wie das Interesse an außertextuellem Bezugswissen oder die Fähigkeit zum Genuss, zur Leselust, was sich gar nicht von Testbahren bewerten lässt.[50]

2.1.1.3. Zum Lesen motivieren und befähigen: Wie können erzählende Texte aus KJL für die Förderung von Lesekompetenzen leisten?

Nach *Sernetz* hat die Kinder- und Jugendliteratur eine doppelte Brückenfunktion: Zum einen liefert sie einen Bezug zur Erfahrungswelt der Kinder und Jugendlichen, und zum anderen führt sie als Einstiegsliteratur zur Lektüre „richtiger" Literatur.[51] Mit solchem Argument ist gerade der Einsatz der kinder- und jugendliterarischen Ganzschrift geeignet für den lesekompetenzorientierten Fremdsprachenunterricht, die allerdings noch in der lehrwerkdominierenden Phase sein könnte.[52]

KJL könne nicht nur als Ganzschrift in den Fremdsprachenunterricht, in dem sie sich zum gezielten bzw. gesteuerten Lesen benutzen lässt, eingeführt werden, sondern auch über die Unterrichtszeit hinaus als die Anregung zu einem freien Lesen dienen, d.h. ein dauerhafter Umgang mit fremdsprachlicher Literatur könnte sich dadurch bei Lernenden entwickeln.

Kinder und Jugendliche sind nicht mehr nur von ihren Wahrnehmungen abhängig, sie sehen die Welt also nicht mehr nur durch ihre Wahrnehmung, sondern können sie zueinander in Beziehung setzen, können sich über sie Gedanken machen und über sie reflektieren. Wenn Lehrende dieses interaktive Modell zwischen Lesern und erzählenden Texten auf die Rezeptions- und Produktionsprozess bei fremdsprachenlernenden wie junge Erwachsenen oder sogar Erwachsenen übertragen, dann sollte es ähnlich laufen.

---

[50] Vgl. Decke-Cornill/Gebhard 2007, S. 13f.
[51] Vgl. Sernetz, 2000, S. 81
[52] Vgl. O'Sullivan/Rösler 2002b, S. 5.

Trotzdem liegt der Umstreit bei der Einführung der Kinder- und Jugendliteratur in nicht spezial kinder- und jugendorientierten Unterricht vor allem in der Adressatenbezogenheit und dem didaktischem Potential.

Seit den wissenschaftlichen und didaktischen Reformdiskussionen in den 70er Jahre des 20. Jahrhunderts ist die Legitimation vom Einsatz der Kinder- und Jugendliteratur im Deutschunterricht auch immer mehr anerkannt worden.[53]

Um der Frage nach dem Verhältnis von erzählenden Texten und Lesekompetenzen noch näher nachgehen zu können, berufe ich mich auf die folgende Acht- Punkte-Liste literarischer Kompetenzen[54], die als Diskussionsbeiträge auf einem Symposium 2002 an der Pädagogischen Hochschule Heidelberg komprimiert wurde:

(1) Fiktionalitätsverständnis (umfasst bspw. literarische Formen, Strukturmerkmale usw.)

(2) Empathiefähigkeit (Einfühlung und Reflexion der Perspektive literarischer Figuren)

(3) Anschlusskommunikation (Leseeindrücke formulieren oder Leseerfahrungen im eigenen sozialen Kontext kommunizieren)

(4) Differenzierungsbereitschaft (Bereitschaft zur bspw. Interpretationsoffenheit)

(5) Informationsbereitschaft (Interesse an außertextuellem Bezugswissen)

(6) Bezugskompetenz (inner- und intertextuelle Bezüge sowie Bezüge zum Selbst und der eigenen Lebensrealität herstellen)

(7) die Fähigkeit, den eigenen Bedürfnissen entsprechende Autor/innen, Text und Textsorten auszuwählen

(8) die Fähigkeit zum Genuss, zur Leselust.

„Der Einsatz von Literatur kann zum Aufbau und zum langfristigen Sichern der Lesemotivation beitragen, insbesondere eine motivierende Textsorte, wie z. B. spannende Kurzgeschichten oder Romane, die die Lesenden in fremde Welten eintauchen lassen"[55], ihre Identifikation mit den Figuren fördern und damit den Erfahrungshorizont erweitern. Dabei gewinnt eine richtige Auswahl der literarischen Lektüren an Wichtigkeit, weil der Aspekt der Bereitstellung von

---

[53] Vgl. Günter Lange: Zur Didaktik der Kinder- und Jugendliteratur. In: Günter Lange (Hrsg.): Taschenbuch der Kinder- und Jugendliteratur, Bd. 2, Baltmannsweiler 2000, S. 944.
[54] Vgl. Steinbrenner 2002.
[55] Vgl. Carola Surkamp 2007, S. 178.

Identifikationsangeboten richtig zu Erfüllung gehen kann, wenn das Interesse der Lernenden von Lektüren nachhaltig geweckt wird.[56]

Erzählende Texte aus dem Bereich KJL z. B. Kinder- und Jugenderzählung, Adoleszenzroman, Detektivgeschichte, Abenteuer- oder Problemroman könnten sowohl aus thematischen Gründen als auch aus formalen Gründen zur solchen Kompetenzförderung beitragen. Bei KJL geht es öfters um Kämpfe oder Missverständnisse zwischen den Jugendlichen bzw. verschiedenen Generationen, Feindschaft, Freundschaft und Liebe, Freude und Kummer in Pubertät, Erwachsenwerden usw., dann ist es für jeden jungen Lerner, der wahrscheinlich selbst ein Halbwüchsiger ist, gar nicht schwer, in die Lebens- und Erlebniswelten der Protagonisten einzutauchen die Geschichte mit eigenen Erfahrungen und Gefühlen anzuknüpfen, sich zu entspannen und dann Träume und Wünsche im Geist wahr werden zu lassen. Selbst für die erwachsenen Lerner, die aber mehr oder weniger einmal etwas Ähnliches erlebt haben- ohnehin hat man eigene Kindheit und Jugendzeit- oder schon als Eltern auf der Gegenseite die Geschichten betrachten können, fehlt auch die Lesemotivation nicht.

Lediglich motivierende Texte reichen noch nicht aus und gute Leseleistungen lassen sich nur im Zusammenhang mit umfangreicher Lesepraxis mit kreativen Methoden erzielen, was ein vielfältiges Lektüreangebote benötigt, um das autonome und extensive Lesen zu fördern. Darunter können wir noch beispielsweise einige Maßnahmen aufzählen: Regelmäßiges Vorlesen / Unterrichtsgespräche über individuelle Erfahrungen in der Vorbereitungs- oder Motivationsphase[57]/ Beschäftigung mit einzelnen Kapiteln vom längeren Text in Erarbeitungsphase / produktiver Austausch über einen Text zwischen Lesern / Hauslektüre mit Lesehilfe[58].

---

[56] Ebd.
[57] Vgl. Roswitha Henseler/ Carola Surkamp: „Leselust statt Lesefrust: Förderung von Lesemotivation in der Fremdsprache Englisch." In: Der Fremdsprachliche Unterricht , 2007.
[58] Ebd.

2.1.2. Welche Kriterien für die Auswahl von KJL für den DaF-Unterricht sind besonders zu berücksichtigen?

1). Allgemein gesagt, sollten die im DaF-Unterricht eingesetzten KJL im Abhängig von der Zielsetzung (Lehr- und Lernziele) und der Zielgruppe des Unterrichts ausgewählt werden. Obwohl eine altersspezifische Adressierung nicht unbedingt in jeden Fall erforderlich ist, empfehle ich prinzipiell die KJL je nach verschiedenen Themen und Schwierigkeiten in den DaF-Unterricht für Kinderlerner bis junge erwaschene Lerner (bis ca. 30 Jahre) zu integrieren, damit eine Anbindung von der Literatur an den Alltag der Lernenden ermöglicht werden könnte. Wenn man über die Auswahlkriterien sprachniveaus- und inhaltsbezogen diskutiert, sollten sie z.B. keine frustrierende Überforderung, Anregung zur Neugier und Entdeckerlust,[59] Anpassung zur didaktischen Verwendung usw. darstellen.

2). erzählende Texte wie Roman, Novelle besitzen darüber hinaus handlungsreichen Verlauf, kontrastive Figurenkonstellationen und etwas Spannendes zwischen ihnen, tiefgreifende Charaktere und Intention der Hauptfiguren, authentische Sprache, was den Lernenden besonders im lesekompetenzorientierten DaF-Unterricht die Möglichkeit zur Identifikation und Distanzierung liefert[60]. Deswegen sind Textsorte, thematische Eignung, Eignung für den weiterführenden Unterricht bei der Auswahl zu berücksichtigen. Außerdem spielen für didaktische Zwecke geeignete Umfang und Aufgliederung des Romans oder der Novelle auch eine große Rolle.

---

[59] Vgl. Hans-Jürgen Krumm: „please, lies!" Hat Literatur einen Platz in der gegenwärtigen Diskussion über das Lehren und Lernen von Fremdsprachen? In: 1000 und 1 Buch, 1, 2001, S. 26.
[60] Vgl. Ilona Feld-Knapp: Erich Kästner: Das fliegende Klassenzimmer- Stundenentwürfe für die Lektüre einer Ganzschrift. In: Kinder- und Jugendliteratur, 6/2002, S. 34.

2.2. Unterrichtsvorschläge und didaktische Überlegungen für *Brennendes Geheimnis* im DaF-Unterricht

2.2.1. Das eingesetzte Buch und die Zielgruppe

Das von mir an chinesische Deutschlerner orientiert als Unterrichtsmaterial empfohlene Buch, das vorn auch mal erwähnt wird, ist die bilinguale (Deutsch-Chinesisch) Version von *Brennendes Geheimnis* und die chinesische Übersetzung, die die Erzählstil und sprachliche Schönheit des Originals wesentlich beibehält, wurde von dem berühmten Germanisten und Übersetzer, dem Professor *Zhang, Yushu* an der Universität Peking geschaffen. Zwei Texte von Ausgangs- und Zielsprache werden nacheinander in der parallelseitenzahl gedruckt.

Als Ganzschrift lässt sich diese Novelle mit jugendlichen und jungen Erwachsenen, die Deutsch als Fremdsprache mindestens seit 2 bis 3 Jahren gelernt haben, lesen oder ein/einge ausgewählte(s) Kapitel davon als Auszug werden im DaF-Unterricht für Schüler und Schülerinnen zwischen 15 und 17 Jahren alt mit dem Sprachniveau von mindestens Stufe *B2*.

Die Arbeit mit der Ganzschrift könnte je nach Klassegruppe und Niveau 20 bis 30 Unterrichtsstunden andauern. Außerdem ist eine Hauslektüre mit Lesehilfe (z.B. die parallele chinesische Übersetzung oder Wörterbuch) nach dem Unterricht auch empfehlenswert.

2.2.2. Methodische Ansätze

Von der Vorstellung dieser Novelle und den Kriterien vorn in der Arbeit können wir zur Feststellung kommen, dass *Brennendes Geheimnis* sich für den lesekompetenzorientierten DaF-Unterricht geeignet ist. Die spannende Handlung in dieser Geschichte und der Erzählstil von Stefan Zweig wecken das Interesse der Lesenden, während die „gebrannten innerlichen Bewegungen und Entwicklungen" der jungen Hauptrolle bzw. die dargestellten Schwierigkeiten für einen Halbwüchsigen, sich in der Welt der Erwachsenen zurechtzufinden, viele Erinnerungen an die eigenen Rätsel des Erwachsenwerdens wach machen. Außerdem wird diese nicht von großen Umfang Novelle in 15 kleine Kapiteln mit stichwortartigen Zwischentiteln strukturiert, was nicht nur die Leseerwartungen aufbauen lässt, sondern auch viel erleichternder eine systematische Unterrichtsarbeit mit jeweiligem Kapitel oder der Kombination von mehreren Kapiteln gewährleisten kann.

Vorgehensweise im Hinblick auf die Novelle selbst:

In der Novelle sind zweierlei „Fokusse" auffällig, erstens die regen Veränderungen des jungen Protagonisten beim Verhalten bzw. Inneren etwa im Zusammenhang mit Jugendpsychologie, zweitens das Wort „Geheimnis" nicht nur das zentrale Wort im Titel, sondern auch in der Novelle immer wieder auftritt, durchgeht und sich auch parallel in bzw. mit der Handlung entwickelt, was dieses als das Schlüsselwort der Novelle auffallen, da es dem Verlauf der Handlung und Vertiefung des Leitmotivs dient, lässt. Deshalb dürfen Lerner beim Lesen sagen, dass der Begriff „Geheimnis" eher ein symbolisierender Gegenstand als eine wörtliche Einheit ist und als „die versteckte Hauptfigur" erscheint.

Auf dieser Grundlage der motivierenden Erkenntnisse könnte das Erarbeitungsgespräch mit Lernenden rund um „Geheimnis" weiter tiefgehend in dieser Richtung eingehen, um die Funktionen und den Sinn im Wesen vom „Geheimnis" für die Novelle bzw. für deren Motiv herauszufinden und zugleich vergleichsweise vordergründig zu analysieren zu versuchen, was für eine Beziehung zwischen „Geheimnis" und Hauptfiguren.

Vorgehensweise im Hinblick auf den Unterrichtsablauf:

Längere Novellen und Romane sind komplexe Texte. Die Unterrichtsarbeit muss Schritt für Schritt z. B. folgendermaßen systematisch gegliedert werden[61]:

---

[61] Vgl. Liesel Hermes: Der Roman im Englischunterricht: Überlegungen zur methodischen Problematik. In: Freese, Peter/Hermes, Liesel (Hg.): Der Roman im Englischunterricht der Sekundarstufe II. Theorie und Praxis. Paderborn 1981.

1. Vorbereitungs- und Motivationsphase

2. Bearbeitung des Textes (Zwischenbesprechung, Diskussion der Leseerlebnisse, Verständniskontrolle, Aufgabenstellung und Abschlussbesprechung usw.)

3. Dramatisierung und Aufführung (optional)

2.2.3. Unterrichtsvorschläge und didaktische Überlegungen

Der Autor lässt das Alter des jungen Protagonisten Edgar Kraftvoll, farbig und wohltuend lebendig auferstehen, indem er ein plastisches Bild der einzelnen Entwicklungsschritte und ihrer Gefahren aufzeichnet. Die Handlung der Novelle ist deshalb sowohl spannend als auch durchschaubar. Um das Titelwort „Brennendes Geheimnis" wird Edgars Entwicklungsprozess von Kindsein bis Erwachsenwerden parallel mit der Entwicklung des „Geheimnisses" in seinem Herzen dargestellt. In meinen Unterrichtsvorschlägen empfehle ich, dass der Lehr sich langsam an den wesentlichen Inhalt des „brennenden Geheimnisses" bzw. seine symbolische Bedeutung in Bezug auf die innere Welt des in der Vorpubertät stehenden Protagonisten heranarbeitet, sonst gibt es große Schwierigkeiten. Die Gegenstände der Textbearbeitung könnten konzentriert bei den den Erwachsenen seltsam auffälligen und skurril anmutenden Verhaltensweisen der jungen Hauptrolle bzw. der Veränderung der Beziehungen innerhalb der Figurenkonstellationen liegen.

In der Vorbereitungs- und Motivationsphase könnte zuerst ein Motivationsgespräch zur Erfahrungensammlung unter Lernenden geführt werden. Fragen wie „welche Dinge oder Erinnerungen in Ihrer Kindheit fallen Ihnen unter dem Wort Geheimnis ein?" könnte gestellt werden, damit die Aufmerksamkeit der Lernenden durch freie Diskussionen schnell auf die Novelle gelenkt und ihre Neugierde geweckt werden. Gleichzeitig ist die Vorbereitungsarbeit mit Motivationsarbeit eng miteinander verbunden durchzuführen. Dabei werden die Lernenden mit notwendigen sprachlichen Kompetenzen wie Wortschatz, grammatischen Strukturen vertraut gemacht, um die Lernenden, insbesondere die Schwächeren beim intensiven Lesen und der weitführenden Erarbeitung mitwirken zu lassen.

Anschließend ist die Überschrift jedes einzelnen Kapitels einzuführen, um den Einstieg in den roten Faden der Haupthandlung der Novelle zu erleichtern. Als Alternative dürfen die Lernenden noch nach Interesse und Neugier an jeder Überschrift einige Kapitel auswählen zur weiteren Bearbeitung, damit sie ihren Unterricht mit gestalten können und sich als Lernsubjekt statt Lernobjekt fühlen werden.[62]

Der intensive Umgang mit der Novelle könnte aus verschiedenen Aspekten vorgehen.

Aspekt 1: die Struktur und der Verlauf der Handlung der Novelle

Der Lehrer lässt die Lerner auf der Basis eines zügigen Durchlesens folgende Gesichtspunkte dem Text jedes Kapitels entnehmen: Kapitel und entsprechende Seitenzahlen; Hauptpersonen; Ort der Geschehnisse; Beziehungen der Personen zueinander bzw. Entwicklung der Beziehungen; Konflikte und Wendepunkte; die Prognose der weiteren Handlungen. Diese Punkte sind als Elemente in eine Tabelle einzubringen, die die Lerner in Form von Einzelarbeit ausfüllen können. Bei der späteren Ergebniskontrolle könnten die Lerner in Dreier- oder Vierergruppen aufgeteilt, in denen eine inhaltliche Zusammenfassung für jedes Kapitel als Anreicherung der Überschrift nach gemeinsamer Diskussion erstellt und dann im Plenum formuliert wird.

Aspekt 2: Charakterisierung der Figuren

Auf dieser Arbeitsweise sollen die Lernenden die Hauptfiguren der Novelle nach ihren Eigenschaften und Taten bzw. die deren Entwicklungen beurteilen. In dieser Novelle tauchen hauptsächlich drei Rollen auf, nämlich Edgar, Edgars Mutter und Baron. Die Darstellung dieser Figuren und ihrer dramatischen Beziehungen untereinander geht rund um das Schlüsselwort „Geheimnis" vor. In der Diskussion im Plenum sollten die Veränderungen der Beziehung zwischen jeweiligen beiden Figurenkonstellationen und die entsprechenden Verhaltensweisen jeder Figur sowie die Folgen an der Tafel gesammelt werden. Hier ist eine kontrastive Bearbeitung mit mehreren Kapiteln spannend: z.B. durch eine sequenzielle Analyse vom Kapitel 2 (*Rasche Freundschaft*) bis Kapitel 4 (*Angriff*) werden die Kindlichkeit von Edgar und seine Neugier und hungriges Schmachten nach der Welt der Erwachsenen im Vergleich zu der Schlauheit

---

[62] Vgl. Hanne Geist: „Crazy" im Deutschunterricht: Leselust durch Aufgabenorientierung und Lesestrategien, 6/2002, S. 42.

und dem rücksichtslosen Verhalten des jungen Barons veranschaulicht. Auch interessant ist der beträchtliche Anteil von Edgars Monologen in den letzten 3 Kapiteln (*Erste Einsicht, Verwirrende Finsternis, Der letzte Traum*). Lesen und Vorlesen solcher Teile könnten nicht nur die Lernenden für die deutsche Sprache weiter sensibilisieren, sondern auch die Charakterisierung und den Entwicklungsprozess der Inneren des Helden auf der Schwelle vom Kinderland zum Erwachsensein mehr klarmachen.

In der offenen Diskussion im Plenum sind die Lernenden zu ermutigen, mit erworbenen Ausdrucksweisen und Redewendungen persönliche Stellung zu Themen im Alltagsleben in Bezug auf die Novelle zu nehmen, so dass eine Identifikationsmöglichkeit für Lernende zu schaffen ist[63], z. B.: *„Die Frage der Unmoral lässt sich am deutlichen am Verhalten des Barons gegenüber Edgar ablesen, wenn man die Vortäuschung einer Freundschaft als unmoralisch ansieht. Was ist Ihrer Meinung nach die Moral für eine Freundschaft? Wie würden Sie reagieren, wenn Sie bei einer Freundschaft auch einer Vortäuschung begegnen?"* oder *„Ob die Mutter-Kind-Konflikte, wie sie in der Novelle dargestellt werden, sich auch im täglichen Leben wieder finden lassen?"* Durch die Verwendung der Fremdsprache würde eine gewisse Distanzierung zu eigenen Problemen geliefert, was den Lernenden auch den Mut und die Bereitschaft geben könnte, freier über die tägliche Angelegenheiten mit eigenen Erfahrungen zu sprechen.[64]

Ein gemeinsames Anschauen der Verfilmung dieser Novelle, sogar Dramatisierung und Aufführung mit jungen Lernern selbst sind ggf. zu empfehlen. Dafür könnten extra 2-3 Unterrichtsstunden zur Verfügung stehen. Durch die authentische Rezeptionsphase mit dem Film und das persönliche Spielen in den Rollen der Geschichte lässt sich der lesekompetenzorientierte DaF-Unterricht mit kreativer und selbstständiger Arbeit von Lernenden gut ergänzen und erweitern.

---

[63] Vgl. Roland Dittrich/Evelyn Frey: Training Kleines Deutsches Sprachdiplom, Bd. 3, Ismaning 2001, S. 35-36.
[64] Vgl. Feld-Knapp 2002, S. 41.

Literaturverzeichnis

♣ Primärliteratur:

♦ Zweig, Stefan: *Brennendes Geheimnis. Erzählungen,* hrsg. von Knut Beck, Frankfurt a. M. 1987.

♦ Zweig, Stefan: *Brennendes Geheimnis.* In: ders.: Brennendes Geheimnis, Die Hochzeit von Lyon. (Deutsch-Chinesisch, das Original von Stefan Zweig) Beijing: Universität-Beijing Verlag 2002, S. 1 – 93.

♣ Sekundärliteratur:

♦ Bergfelder, Angela: „Literarische Kompetenz" In: Praxis Fremdsprachenunterricht, 6/2008.

♦ Bredella, Lothar/Burwitz-Melzer, Eva: Rezeptionsästhetische Literaturdidaktik, Tübingen 2004.

♦ Bredella, Lothar: Die welterzeugende und die welterschließende Kraft literarischer Texte: Gegen einen verengten Begriff von literarischer Kompetenz und Bildung. In: Bredella, Lothar/Hallet, Wolfgang (Hg.): Literaturunterricht, Kompetenzen und Bildung. Trier 2007, 65-86.

♦ Bredella, Lothar/Hallet, Wolfgang: Einleitung: Literaturunterricht, Kompetenzen und Bildung, Trier 2007.

♦ Burwitz-Melzer, Eva: Allmähliche Annäherungen: Fiktionale Texte im interkulturellen Fremdsprachenunterricht der Sekundarstufe I, Tübingen 2003.

♦ Decke-Cornill, Helene/Gebhard, Ulrich: Ästhetik und Wissenschaft: Zum Verhältnis von literarischer und naturwissenschaftlicher Bildung. In: Bredella, Lothar/Hallet, Wolfgang (Hg.): Literaturunterricht, Kompetenzen und Bildung, Trier 2007, 11-30.

♦ Dittrich, Roland/Frey, Evelyn: Training Kleines Deutsches Sprachdiplom, Bd. 3, Ismaning 2001.

♦ Dziemianko, Leszek (2000): Gefühlsleben und sittliche Normen- Zur bürgerlichen Moral in Novellen Stefan Zweigs. In: Orbis Linguarum, Vol. 15, Legnica 2000, 1-12.

♦ Daniela Caspari/Helga Schiller: Wider die Langeweile. Alternative Formen der Textarbeit. In: Der fremdsprachliche Unterricht Französisch, 4, 1996, 4-11.

♦ Ehlers, Swantje: Lesetheorien, Lesekompetenz und Narrative. In: Bredella, Lothar/ Hallet, Wolfgang (Hrsg.): Literaturunterricht, Kompetenzen und Bildung, Trier 2007, 107-127.

♦ Ewers, Hans-Heino: Literatur für Kinder und Jugendliche. Eine Einführung, München 2000.

♦ Feld-Knapp, Ilona: Erich Kästner: Das fliegende Klassenzimmer- Stundenentwürfe für die Lektüre einer Ganzschrift. In: Kinder- und Jugendliteratur, 6/2002, 34-41.

♦ Gansel, Carsten: Moderne Kinder- und Jugendliteratur. Ein Praxishandbuch für den Unterricht, Berlin 1999.

♦ Gansel, Carsten: Klassischer bzw. traditioneller Adoleszenzroman. In: Lange, Günter (Hg.): Taschenbuch der Kinder- und Jugendliteratur, Bd.1, Baltmannsweiler 2000, 359-397.

♦ Geist, Hanne: „Crazy" im Deutschunterricht - Leselust durch Aufgabenorientierung und Lesestrategien. In: Kinder- und Jugendliteratur, 6/2002, 42-47.

♦ Haas, Gerhard (Hrsg.): Kinder- und Jugendliteratur. Zur Typologie und Funktion einer literarischen Gattung & Einführung in die Kinder- und Jugendliteratur, Stuttgart 1974.

♦ Hallet, Wolfgang: Literatur, Kognition und Kompetenz: Die Literarizität kulturellen Handelns. In: Bredella, Lothar/Hallet, Wolfgang (Hg.): Literaturunterricht, Kompetenzen und Bildung, Trier 2007, 31-64.

♦ Henseler, Roswitha/Surkamp, Carola: „Leselust statt Lesefrust: Förderung von Lesemotivation in der Fremdsprache Englisch." In: Der Fremdsprachliche Unterricht Englisch, 2007.

♦ Hermes, Liesel: Der Roman im Englischunterricht: Überlegungen zur methodischen Problematik. In: Freese, Peter/Hermes, Liesel (Hg.): Der Roman im Englischunterricht der Sekundarstufe II. Theorie und Praxis. Paderborn 1981, 159-185.

♦ Kaplan, Louise J.: Abschied von der Kindheit: eine Studie über die Adoleszenz. Aus dem Amerikanischen übers. von Hilde Weller (Originalausgabe erschien unter dem Titel Adolescence – the farewell ton childhood). Stuttgart 1998.

♦ Krumm, Hans-Jürgen: „please, lies!" Hat Literatur einen Platz in der gegenwärtigen Diskussion über das Lehren und Lernen von Fremdsprachen? In: 1000 und 1 Buch, 1, 2001, 24-28.

♦ Küpper, Achim: „Eine Fährte, die ins Dunkel läuft". Das Scheitern epochaler Übergänge und die Dehumanisation des Menschen: Stefan Zweigs „Brennendes Geheimnis". Modern Austrian Literature, 42, 2, 2009, 17-40.

♦ Lafargue, Dominique: „Die Ilse ist weg"- Ein Jugendbuch für den Deutschunterricht. In: Fremdsprache Deutsch 11/1999, 14-21.

♦ Lange, Günter: Zur Didaktik der Kinder- und Jugendliteratur. In: Günter Lange (Hrsg.): Taschenbuch der Kinder- und Jugendliteratur, Bd. 2, Baltmannsweiler 2000, 942-967.

♦ Marquardt, Manfred: Einführung in die Kinder- und Jugendliteratur, 11. Auflage, Troisdorf 2005.

♦ Matuschek, Oliver: Drei Leben. Stefan Zweig – Eine Biographie, Frankfurt 2006.

♦ Nünnig, Ansgar: Growing up: Darstellung der Adoleszenz im englischen Roman der Gegenwart. Lektüreanregungen für den Englischunterricht der Oberstufe – Teil I. In: Fremdsprachenunterricht, 3, 1994, 212-217.

♦ O'Sullivan, Emer/Rösler, Dietmar (a): Fremdsprachenlernen und Kinder- und Jugendliteratur. Eine kritische Bestandsaufnahme. In: Zeitschrift für Fremdsprachenforschung 13/2002, 1, 63-111.

♦ O'Sullivan, Emer/Rösler, Dietmar (b): Kinder- und Jugendliteratur im Deutschunterricht. In: Kinder- und Jugendliteratur, 6/2002, 5-9.

♦ Pfoser, Alfred: Verwirrung der Gefühle als Verwirrung einer Zeit. Bemerkungen zum Bestsellerautor Stefan Zweig und zur Psychologie in seinen Novellen. In: Heinz Lunzer und Gerhard Renner (Hrsg.): Stefan Zweig 1881/1981. Aufsätze und Dokumente. Wien 1981.

♦ Rolland, Romain: (Werkbetrachtung). - Enth.in: R.R.: Der freie Geist, Berlin 1966, 307-325.

♦ Sernetz, Elisabeth: Von den Richtlinien zur Realität: Zum Einsatz von Bücherkisten im Französischunterricht der Jahrgangsstufe 11. In: Neusprachliche Mitteilung, 53(2)/2000, 81-85.

♦ Steinbrenner, Marcus: „Virtuelle Konferenz zum Thema ‚Literarische Kompetenz' vom 30.09.02 bis 20.10.02 an der PH Heidelberg", 2002. Webfassung: http://www.ph- heidelberg.de/org/lesesoz/konferenz.htm.(26.8.2006)

♦ Surkamp, Carola: Zum Lesen und Schreiben motivieren und befähigen: Was literarische Texte für die Förderung von fremdsprachlichen Rezeptions- und Produktionskompetenzen leisten können. In: Bredella, Lothar/Hallet, Wolfgang (Hg.): Literaturunterricht, Kompetenzen und Bildung, Trier, 2007, 177-196.

BEI GRIN MACHT SICH IHR WISSEN BEZAHLT

- Wir veröffentlichen Ihre Hausarbeit,
  Bachelor- und Masterarbeit

- Ihr eigenes eBook und Buch -
  weltweit in allen wichtigen Shops

- Verdienen Sie an jedem Verkauf

Jetzt bei www.GRIN.com hochladen und kostenlos publizieren